Impressum
Verlag: BABADADA GmbH, Nedderfeld 112 , 22529 Hamburg
Geschäftsführer / Verlagsleitung: Harald Hof
Druck: Books on Demand GmbH, In de Tarpen 42, 22848 Norderstedt

Imprint
Publisher: BABADADA GmbH, Nedderfeld 112 , 22529 Hamburg, Germany
Managing Director / Publishing direction: Harald Hof
Print: Books on Demand GmbH, In de Tarpen 42, 22848 Norderstedt, Germany

мәктәп

школа

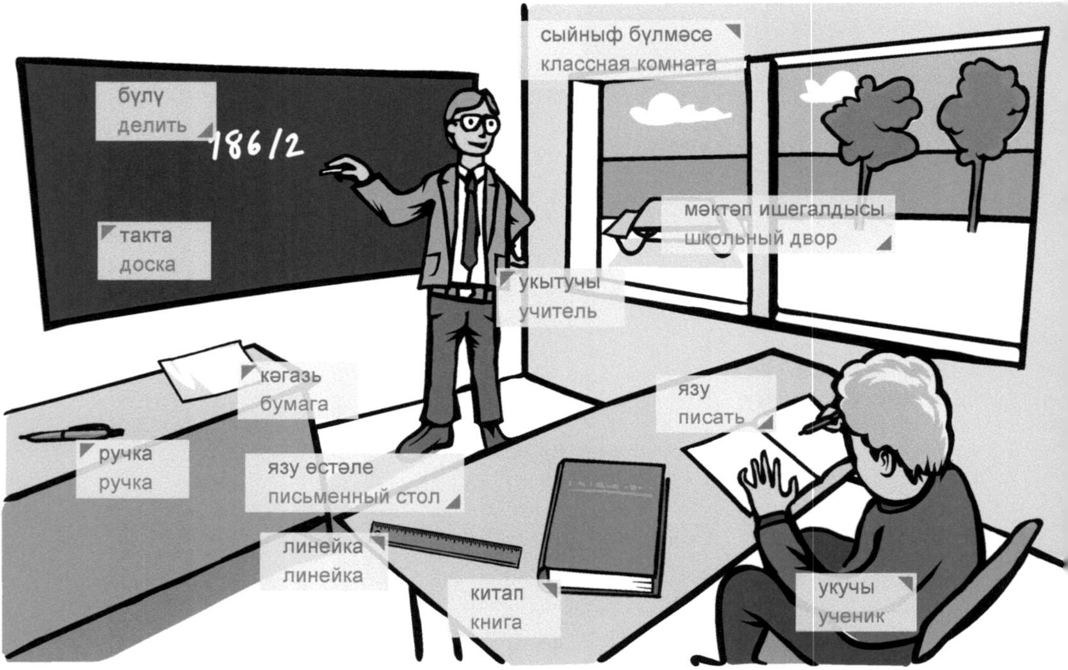

сыйныф бүлмәсе
классная комната
бүлү
делить
186/2
такта
доска
мәктәп ишегалдысы
школьный двор
укытучы
учитель
көгазь
бумага
язу
писать
ручка
ручка
язу өстәле
письменный стол
линейка
линейка
китап
книга
укучы
ученик

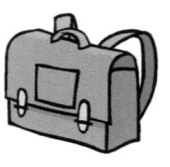

букча

ранец

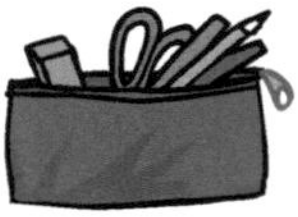

пенал

пенал

каләм

карандаш

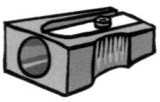

каләм очлагыч

точилка

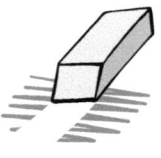

бетергеч

ластик

рәсем ясау өчен альбом

альбом для рисования

рәсем

рисунок

кисточка

кисточка

буяулар тартмасы

коробка красок

кайчы

ножницы

җилем

клей

дәфтәр

тетрадь

өйгә эш

домашняя работа

сан

цифра

кушу

прибавлять

алу

вычитать

тапкырлау

умножать

исәпләү

считать

хәреф

буква

алфавит

алфавит

сүз

слово

текст

текст

уку

читать

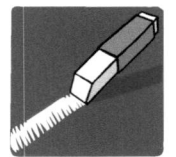

акбур

мел

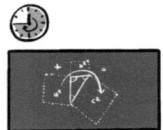

дәрес

урок

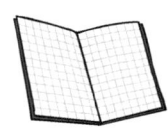

сыйныф журналы

классный журнал

имтихан

экзамен

диплом

диплом

мәктәп формасы

школьная форма

мәгариф

образование

энциклопедия

энциклопедия

университет

университет

микроскоп

микроскоп

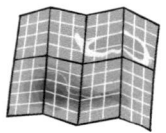

карта

карта

кәгазь өчен кәрҗин

корзина для бумаг

сәяхәт

путешествие

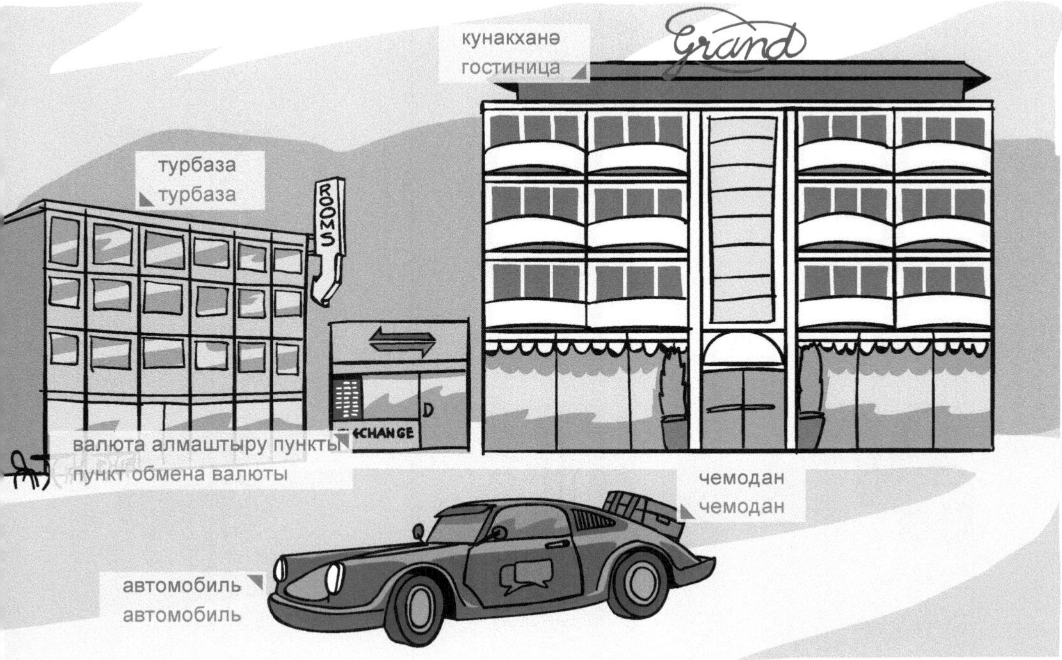
кунакханә
гостиница
Grand
турбаза
турбаза
ROOMS
EXCHANGE
валюта алмаштыру пункты
пункт обмена валюты
чемодан
чемодан
автомобиль
автомобиль

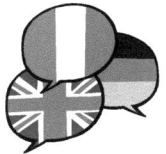

тел

язык

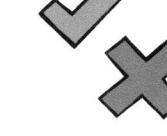

әйе / юк

да / нет

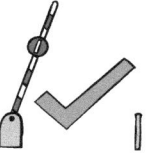

яхшы

хорошо

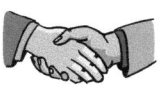

сәлам

Привет

тәрҗемәче

переводчик

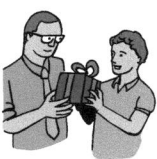

Рәхмәт

Спасибо

Күпме тора...?

Сколько стоит…?

Мин аңламыйм

Я не понимаю

проблема

проблема

Хәерле кич!

Добрый вечер!

Хәерле иртә!

Доброе утро!

Тыныч йокы!

Доброй ночи!

хушыгыз

До свидания

юнәлеш

направление

багаж

багаж

букча

сумка

рюкзак

рюкзак

кунак

гость

бүлмә

комната

йоклар өчен капчык

спальный мешок

палатка

палатка

сәяхәт - путешествие

туристик мәгълүмат

туристическая
информация

пляж

пляж

кредит картасы

кредитная карточка

иртәнге аш

завтрак

төш

обед

кичке аш

ужин

билет

билет

лифт

лифт

почта маркасы

почтовая марка

чик

граница

таможня

таможня

илчелек

посольство

виза

виза

паспорт

паспорт

сәяхәт - путешествие

транспорт

транспорт

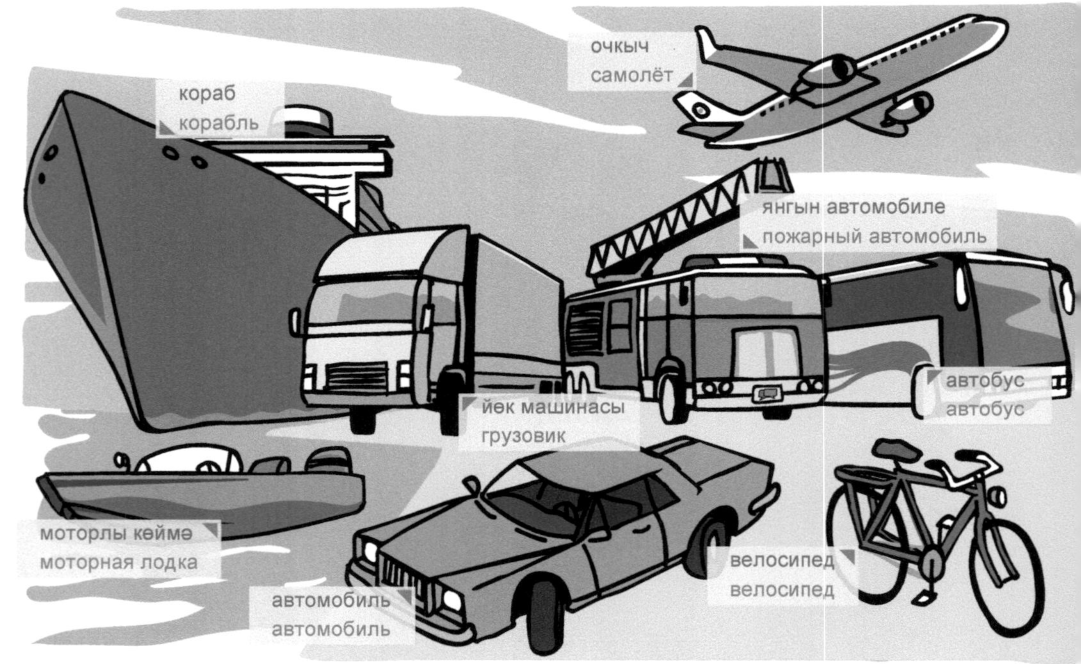
очкыч
самолёт
кораб
корабль
янгын автомобиле
пожарный автомобиль
автобус
автобус
йөк машинасы
грузовик
моторлы көймә
моторная лодка
велосипед
велосипед
автомобиль
автомобиль

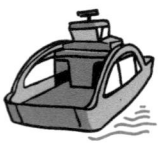

паром

паром

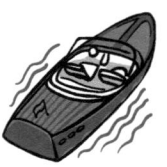

көймә

лодка

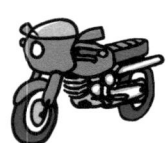

мотоцикл

мотоцикл

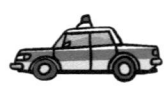

полиция автомобиле

полицейский автомобиль

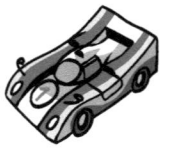

узыш автомобиле

гоночный автомобиль

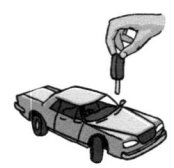

вакытлыча алып торган автомобиль

арендованный автомобиль

Автомобильләр белән уртак файдалану

совместное пользование автомобилями

двигатель

двигатель

юл билгесе

дорожный знак

автомобиль тукталышы

автостоянка

поезд

поезд

буксирлау автомобиле

буксировочный автомобиль

ягулык

топливо

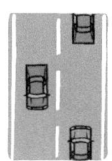

хәрәкәт

движение

вокзал

вокзал

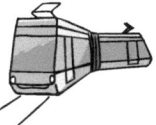

трамвай

трамвай

чүп ташучы

мусоровоз

заправка

заправка

бөке

пробка

рельслар

рельсы

вагон

вагон

вертолет

вертолёт

аэропорт

аэропорт

каланча

вышка

юлчы

пассажир

контейнер

контейнер

тартма

коробка

арба

тележка

кәрзинкә

корзина

очу / җиргә төшү

взлетать / приземляться

шәһәр

город

авыл

деревня

шәһәр үзәге

центр города

йорт

дом

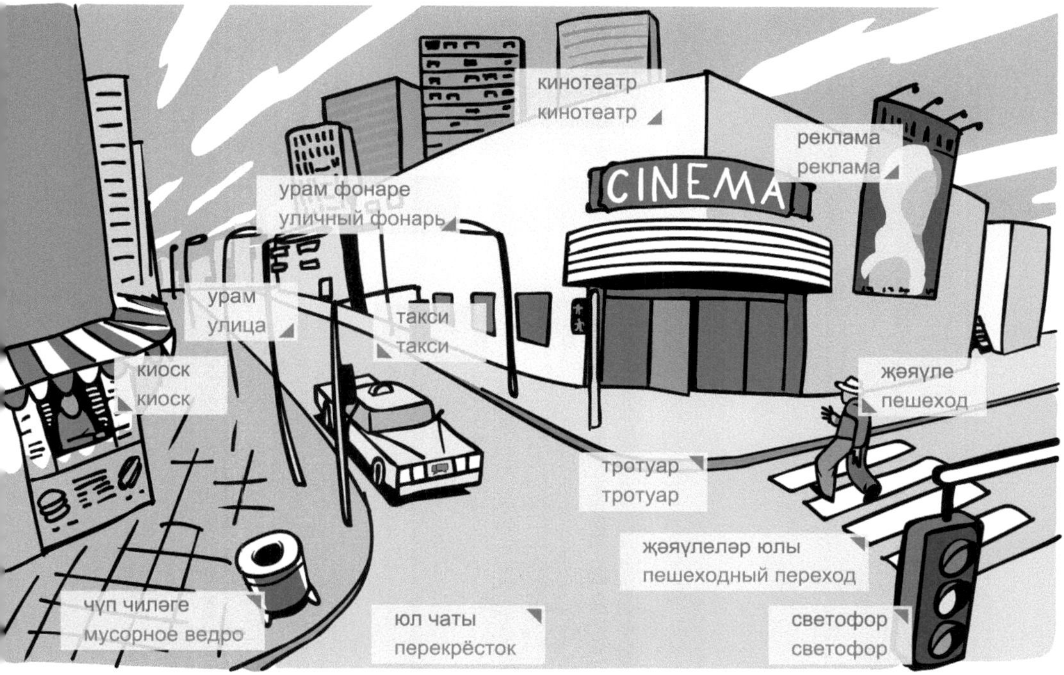
кинотеатр
кинотеатр
реклама
реклама
CINEMA
урам фонаре
уличный фонарь
урам
улица
такси
такси
киоск
киоск
җәяүле
пешеход
тротуар
тротуар
җәяүлеләр юлы
пешеходный переход
чүп чиләге
мусорное ведро
юл чаты
перекрёсток
светофор
светофор

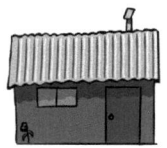

алачык
хижина

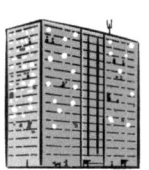

фатир
квартира

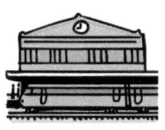

вокзал
вокзал

ратуша
ратуша

MUSEUM

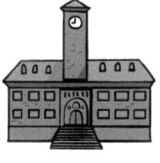

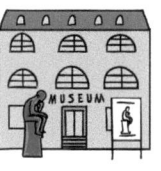

музей
музей

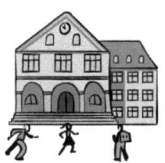

мәктәп
школа

университет
университет

банк
банк

хастаханә
больница

кунакханә
гостиница

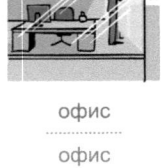

дарухана
аптека

офис
офис

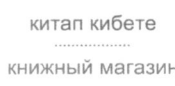

китап кибете
книжный магазин

кибет
магазин

чәчәк кибете
цветочный магазин

супермаркет
супермаркет

базар
рынок

универмаг
универмаг

балык кибете
торговец рыбой

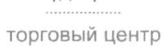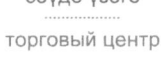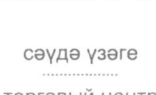

сәүдә үзәге
торговый центр

порт
порт

парк
парк

эскәмия
скамейка

күпер
мост

баскыч
лестница

метро
метро

тоннель
тоннель

автобус тукталышы
автобусная остановка

бар
бар

ресторан
ресторан

почта тартмасы
почтовый ящик

урам исеме язылган такта
табличка с названием
улицы

паркометр
паркометр

зоопарк
зоопарк

бассейн
бассейн

мәчет
мечеть

шәһәр - город

ферма

ферма

әйләнә-тирә мохитне пычрату

загрязнение окружающей среды

зират

кладбище

чиркәү

церковь

балалар мәйданчыгы

детская площадка

гыйбадәтханә

храм

ландшафт
ландшафт

бит
лист

юл күрсәткече
дорожный указатель

юл
дорога

болын
луг

таш
камень

агач
дерево

сәяхәтче
путешественник

елга
река

үлән
трава

чәчәк
цветок

үзән

долина

тау

гора

күл

озеро

урман

лес

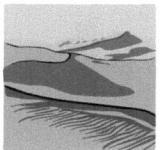

чүл

пустыня

вулкан

вулкан

йозак

замок

салават күпере

радуга

гөмбә

гриб

пальма

пальма

черки

комар

чебен

муха

кырмыска

муравей

корт

пчела

үрмәкүч

паук

коңгыз

жук

бака

лягушка

тиен

белка

керпе

еж

куян

заяц

ябалак

сова

кош

птица

аккош

лебедь

кабан дуңгызы

кабан

болан

олень

поши

лось

буа

плотина

җил генераторы

ветряной генератор

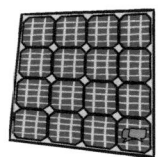

кояш батареясы

солнечная батарея

климат

климат

ресторан

ресторан

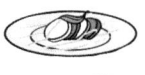

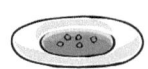

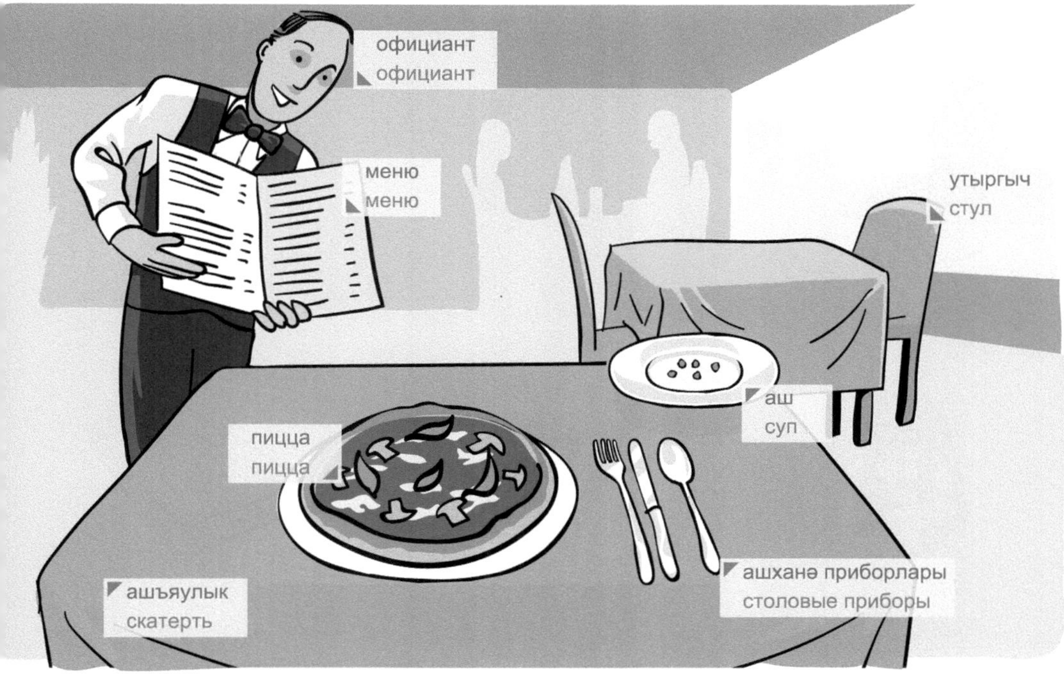
официант
официант
меню
меню
утыргыч
стул
аш
суп
пицца
пицца
ашъяулык
скатерть
ашханә приборлары
столовые приборы

кабымлык

закуска

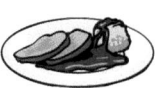

төп ашамлык

главное блюдо

десерт

десерт

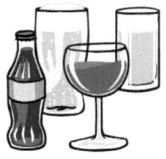

эчемлекләр

напитки

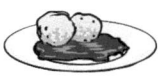

азык

еда

шешә

бутылка

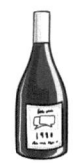

фастфуд

фастфуд

урам ризыгы

уличная еда

чәйнек

чайник

шикәр савыты

сахарница

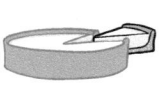

күләм

порция

кофе кайнаткыч

кофеварка

балалар урындыгы

детский стульчик

исәпләү

счет

поднос

поднос

пычак

нож

чәнечке

вилка

кашык

ложка

чәй кашыгы

чайная ложка

салфетка

салфетка

стакан

стакан

ресторан - ресторан

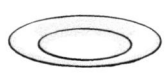

тәлинкә

тарелка

аш тәлинкәсе

суповая тарелка

чәй тәлинкәсе

блюдце

соус

соус

тоз савыты

солонка

борыч ваклагыч

мельница для перца

серкә

уксус

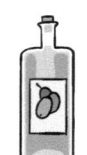

сыек май

масло

тәмләткеч

специи

кетчуп

кетчуп

горчица

горчица

майонез

майонез

супермаркет

супермаркет

махсус тәкъдим
специальное предложение
FOR
сатып алучы
покупатель
сөт продуктлары
молочные продукты
җимешләр
фрукты
кибеттәге арба
тележка для покупок

BUTCHERS

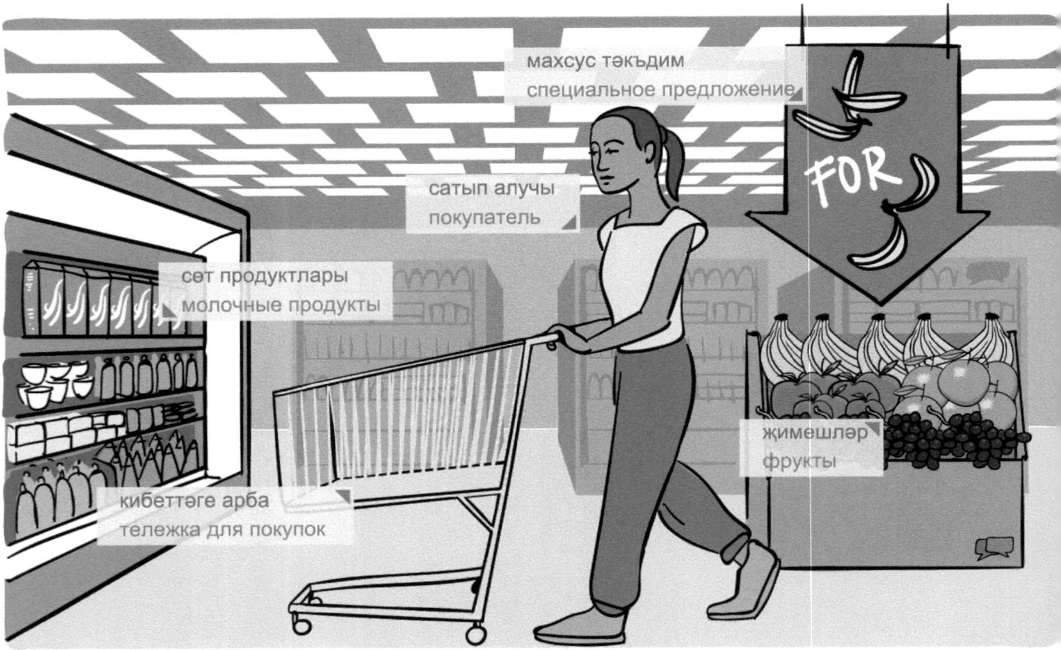

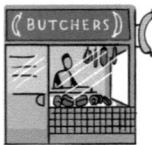

ит кибете

мясной магазин

BAKERY

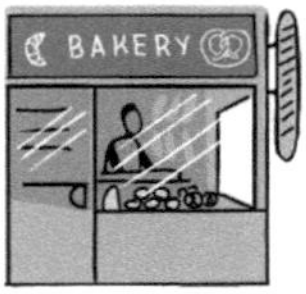

икмәк пешерү йорты

пекарня

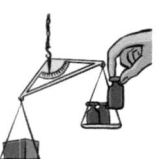

килү

взвешивать

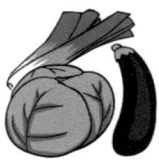

яшелчә

овощи

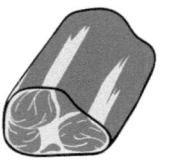

ит

мясо

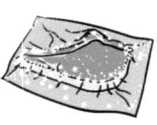

туңдырылган продуктлар

быстрозамороженные продукты

кисәкле ит
························
нарезка

консервалар
························
консервы

кер юу порошогы
························
стиральный порошок

тәм-томнар
························
сладости

көнкүреш җиһазлары
························
предмет домашнего
обихода

юу әйбере
························
моющее средство

хатын-кыз сатучы
························
продавщица

касса
························
касса

кассир
························
кассир

сатып алган әйберләрнең
исемлеге
························
список покупок

эш вакыты
························
время работы

бумажник
························
бумажник

кредит картасы
························
кредитная карточка

букча
························
сумка

полиэтилен пакет
························
полиэтиленовый пакет

супермаркет - супермаркет

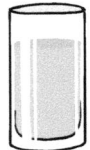

су
вода

сок
сок

сөт
молоко

кока-кола
кока-кола

шәраб
вино

сыра
пиво

хәмер
алкоголь

какао
какао

чәй
чай

кофе
кофе

эспрессо
эспрессо

капучино
капучино

банан

банан

алма

яблоко

əфлисун

апельсин

карбыз

арбуз

лимон

лимон

кишер

морковь

сарымсак

чеснок

бамбук

бамбук

суган

лук

гөмбә

гриб

чикләвекләр

орехи

токмач

лапша

спагетти

спагетти

дөге

рис

салат

салат

чипсы

картофель фри

кыздырылган бәрәңге

жареный картофель

пицца

пицца

гамбургер

гамбургер

сэндвич

сэндвич

котлет

шницель

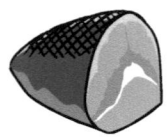

ветчина

ветчина

салями

салями

сосиска

колбаса

тавык

курица

кыздырма

жаркое

балык

рыба

азык - еда

солы кисәкләре

овсяные хлопья

мюсли

мюсли

кукуруз кисәкләре

кукурузные хлопья

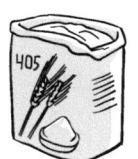

он

мука

круассан

круассан

булка

булочка

икмәк

хлеб

тост

тост

печенье

печенье

май

масло

эремчек

творог

пирог

пирог

йомырка

яйцо

йомырка тәбәсе

яичница

сыр

сыр

туңдырма

мороженое

шикәр

сахар

бал

мёд

кайнатма

мармелад

шоколадлы паста

крем с нугой

карри

карри

азык - еда

ферма

ферма

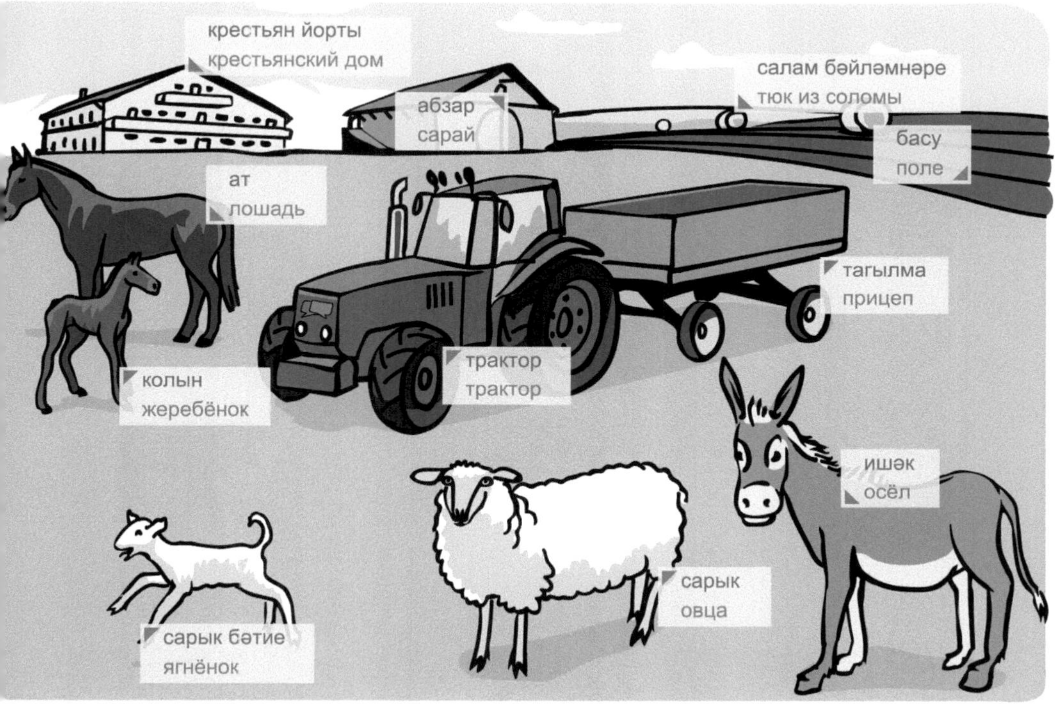
крестьян йорты
крестьянский дом
абзар
сарай
салам бәйләмнәре
тюк из соломы
басу
поле
ат
лошадь
тагылма
прицеп
трактор
трактор
колын
жеребёнок
ишәк
осёл
сарык
овца
сарык бәтие
ягнёнок

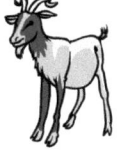

кәҗә

коза

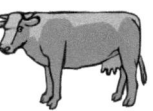

сыер

корова

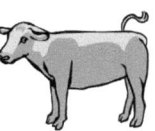

бозау

телёнок

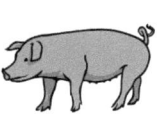

дуңгыз

свинья

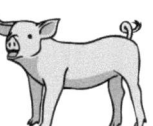

дуңгыз баласы

поросёнок

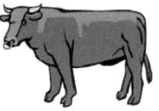

үгез

бык

каз

гусь

үрдәк

утка

чеби

цыплёнок

тавык

курица

әтәч

петух

күсе

крыса

песи

кошка

тычкан

мышь

эш үгезе

вол

эт

собака

эт оясы

конура

бакча шлангысы

садовый шланг

сусипкеч

лейка

чалгы

коса

сабан

плуг

урак
серп

китмән
мотыга

тирес сәнәге
навозные вилы

балта
топор

кул арбасы
тачка

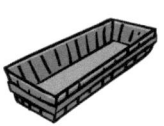

тагарак
корыто

сөт өчен бидон
бидон для молока

капчык
мешок

койма
забор

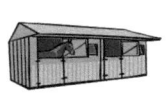

абзар
хлев

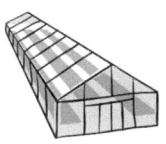

теплица
теплица

туфрак
почва

чәчү
посев

ашлама
удобрение

комбайн
комбайн

ферма - ферма

уңыш җыю
собирать урожай

уңыш
урожай

ямса
ямс

бодай
пшеница

соя
соя

бәрәңге
картофель

кукуруз
кукуруза

рапс
рапс

җимеш агачы
фруктовое дерево

маниок
маниок

иген
злаки

йорт

дом

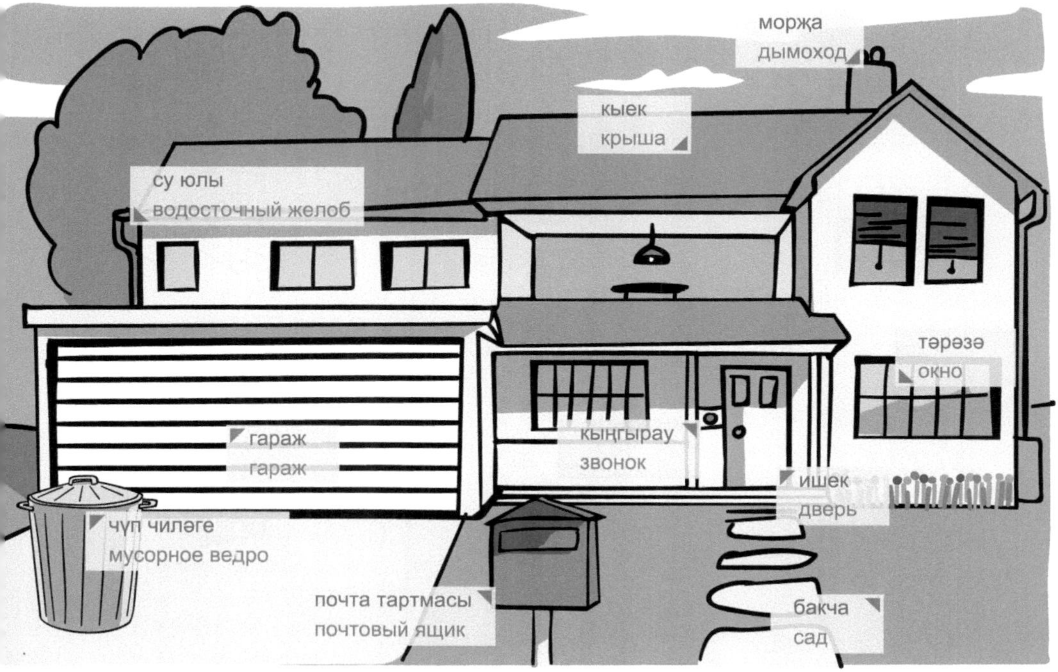

морҗа
дымоход
кыек
крыша
су юлы
водосточный желоб
тәрәзә
окно
гараж
гараж
кыңгырау
звонок
ишек
дверь
чүп чиләге
мусорное ведро
почта тартмасы
почтовый ящик
бакча
сад

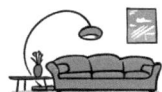

кунак бүлмәсе

гостиная

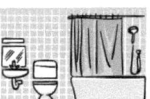

ванна бүлмәсе

ванная комната

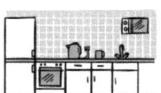

аш бүлмәсе

кухня

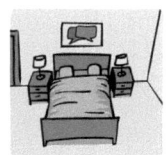

йокы бүлмәсе

спальня

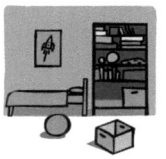

балалар бүлмәсе

детская комната

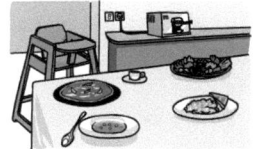

ашханә

столовая

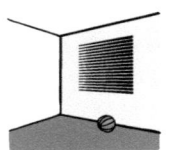

идэн
....
пол

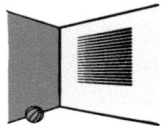

дивар
....
стена

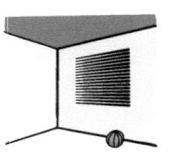

түшәм
....
потолок

баз
....
подвал

сауна
....
сауна

балкон
....
балкон

терраса
....
терраса

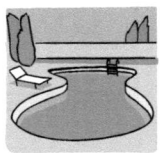

бассейн
....
бассейн

газон чапкыч
....
газонокосилка

юрган аслыгы
....
пододеяльник

япма
....
покрывало

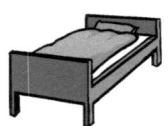

карават
....
кровать

себерке
....
метла

чиләк
....
ведро

сүндергеч
....
выключатель

кунак бүлмәсе

гостиная

обойлар
обои
рәсем
рисунок
лампа
лампа
киштә
полка
шкаф
шкаф
телевизор
телевизор
камин
камин
чәчәк
цветок
мендәр
подушка
диван
диван
ваза
ваза
дистанцион идарә итү пульты
пульт дистанционного управления

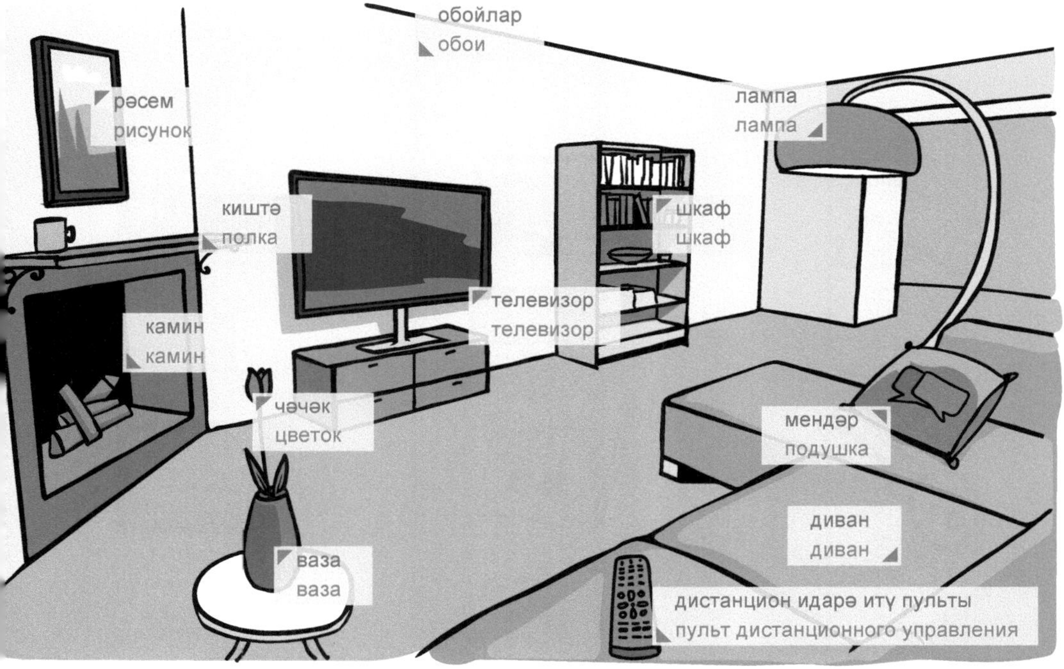

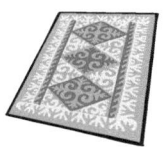

келәм

ковёр

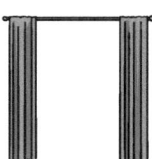

пәрдә

штора

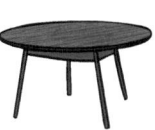

өстәл

стол

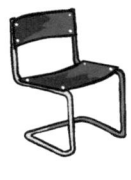

утыргыч

стул

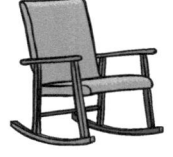

тибрәткеч кәнәфи

кресло-качалка

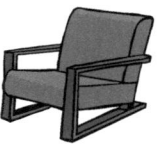

кәнәфи

кресло

китап

книга

япма

покрывало

бизәк

украшение

утын

дрова

фильм

фильм

стереосистема

стереосистема

ачкыч

ключ

газета

газета

картина

картина

плакат

плакат

радио

радио

блокнот

блокнот

тузан суыргыч

пылесос

кактус

кактус

шәм

свеча

аш бүлмәсе

кухня

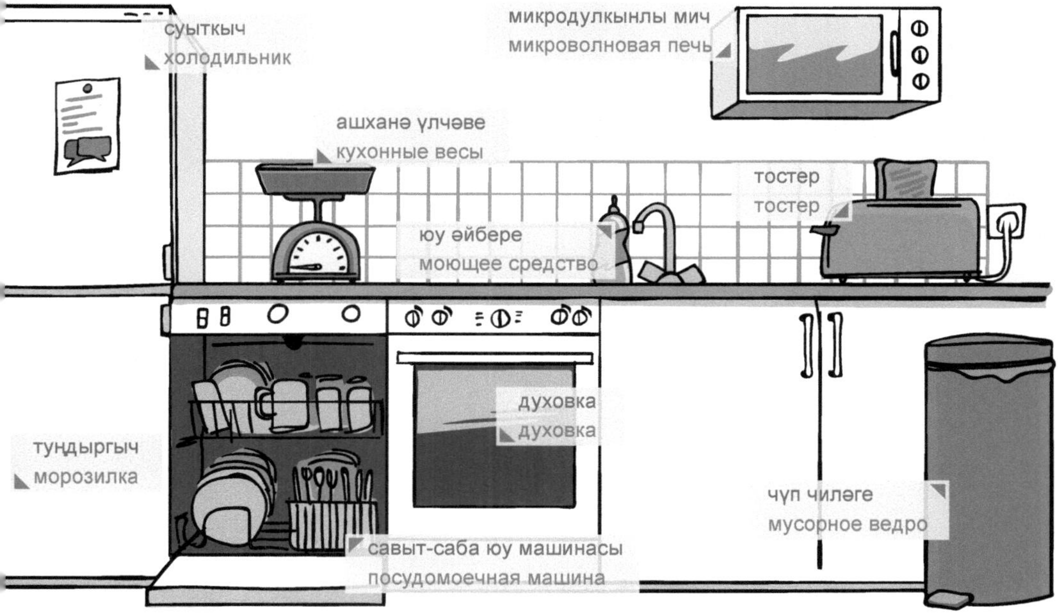

суыткыч
холодильник
микродулкынлы мич
микроволновая печь
ашханә үлчәве
кухонные весы
тостер
тостер
юу әйбере
моющее средство
духовка
духовка
туңдыргыч
морозилка
чүп чиләге
мусорное ведро
савыт-саба юу машинасы
посудомоечная машина

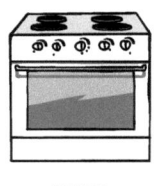

плитә

плита

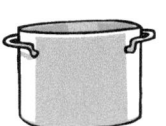

кәстрүл

кастрюля

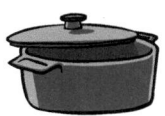

чуен казан

чугунный котелок

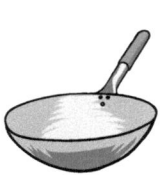

вок / казан

вок / кадай

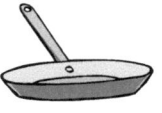

таба

сковорода

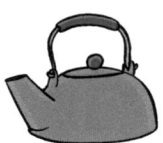

чәйнек

чайник

парда пешергеч

пароварка

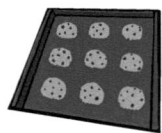

калай таба

противень

савыт-саба

посуда

кружка

кружка

җамаяк

миска

таякчык

палочки для еды

аш чүмече

половник

лопатка

лопатка

туглауыч

сбивалка

иләк

сито

иләк

сито

кыргыч

тёрка

төйгеч

ступка

гриль

гриль

учак

костёр

такта
....
доска

уклау
....
скалка

бөке суыргыч
....
штопор

калай банк
....
жестяная банка

консерв ачу өчен пычак
....
консервный нож

элəктергеч
....
прихватка

раковина
....
раковина

щётка
....
щетка

губка
....
губка

миксер
....
миксер

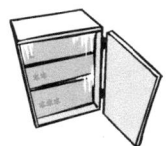

туңдыру камерасы
....
морозильная камера

ашату өчен шешə
....
бутылочка для кормления

кран
....
кран

ванна бүлмәсе

ванная комната

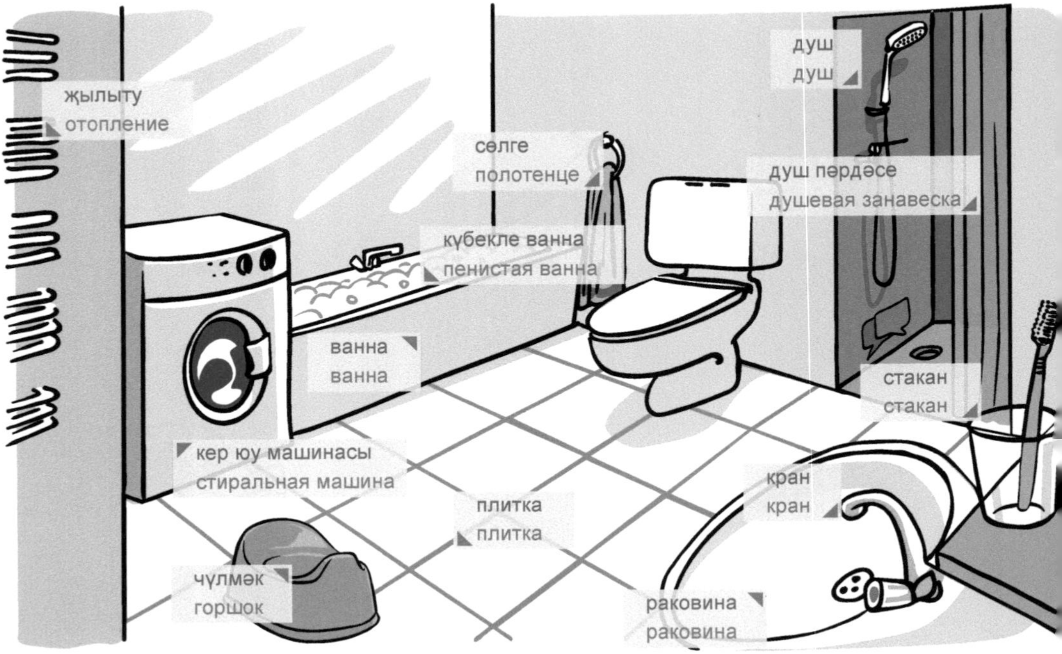

жылыту
отопление
сөлге
полотенце
душ
душ
душ пәрдәсе
душевая занавеска
күбекле ванна
пенистая ванна
ванна
ванна
стакан
стакан
кер юу машинасы
стиральная машина
кран
кран
плитка
плитка
чүлмәк
горшок
раковина
раковина

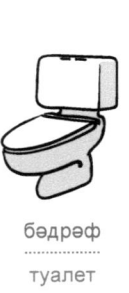

бәдрәф

туалет

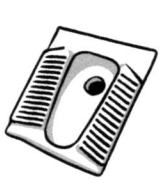

унитаз

напольный унитаз

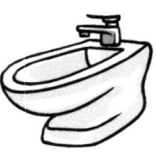

биде

биде

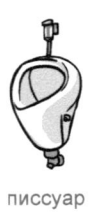

писсуар

писсуар

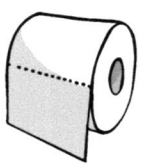

бәдрәф кәгазе

туалетная бумага

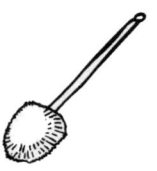

керпе кебек чистарткыч

ершик

теш щеткасы
....
зубная щетка

теш пастасы
....
зубная паста

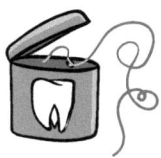

теш җебе
....
зубная нить

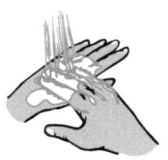

юу
....
мыть

кул душы
....
ручной душ

душ
....
интимный душ

оча сөяге
....
таз

аврка өчен щетка
....
щетка для спины

сабын
....
мыло

душ өчен гель
....
гель для душа

шампунь
....
шампунь

мунчала
....
мочалка

агым
....
сток

крем
....
крем

дезодорант
....
дезодорант

көзге

зеркало

кул көзгесе

ручное зеркало

пәке

бритва

кырыну өчен күбек

пена для бритья

Кырынаганнан соң
кулланыла торган лосьон

лосьон после бритья

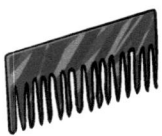

тарак

расческа

щётка

щетка

фен

фен

чәчләр лагы

лак для волос

косметика

косметика

ирен буявы

губная помада

тырнаклар лагы

лак для ногтей

мамык

вата

маникюр кайчысы

маникюрные ножницы

хушбуй

духи

косметика савыты

косметичка

урындык

табуретка

үлчәү

весы

халат

халат

резин перчаткалар

резиновые перчатки

тампон

тампон

гигиена җәймәсе

гигиеническая прокладка

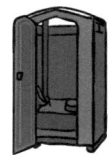

биотуалет

биотуалет

балалар бүлмәсе
детская комната

будильник
будильник
йомшак уенчык
мягкая игрушка
уенчык автомобиль
игрушечный автомобиль
шалтыравык
погремушка
курчак йорты
кукольный домик
бүләк
подарок

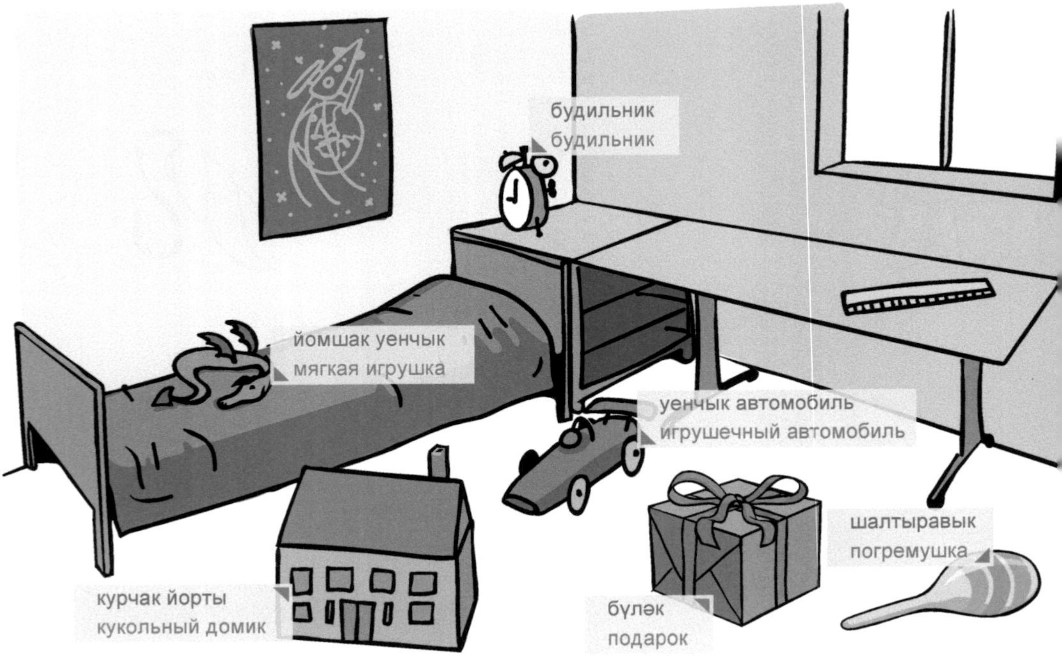

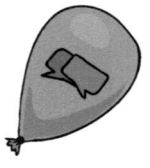

һава шары

воздушный шар

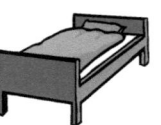

караватъ

кровать

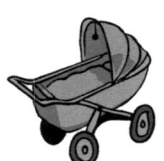

балалар коляскасы

детская коляска

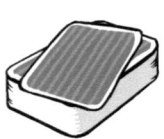

кәрт уены

карточная игра

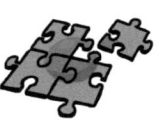

пазл

пазл

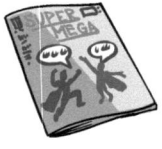

комикс

комикс

Лего кирпечекләре

кирпичики Лего

шакмак

кубики

уенчык

игрушечная фигурка

ползунки

ползунки

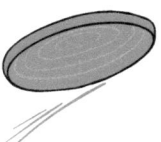

фрисби

фрисби

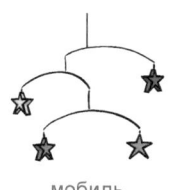

мобиль

мобиле

өстәл уены

настольная игра

шакмак

кубик

тимер юл моделе

модель железной дороги

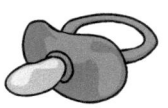

имезлек

соска

кичә

вечеринка

рәсемнәр белән бизәлгән китап

книга с картинками

туп

мяч

курчак

кукла

уйнау

играть

комлык
песочница

таган
качели

уенчык
игрушка

уен приставкасы
игровая приставка

өч көпчәкле велосипед
трёхколесный велосипед

плюш аю
плюшевый медвежонок

кием-салым шкафы
шкаф для одежды

кием
одежда

оекбаш
носки

оек
чулки

колготки
колготки

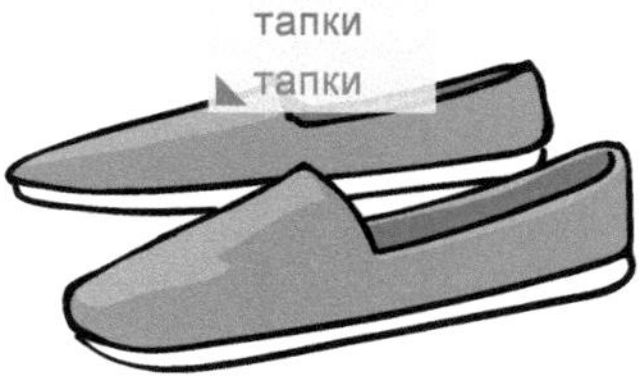

шарф
шарф

зонт
зонтик

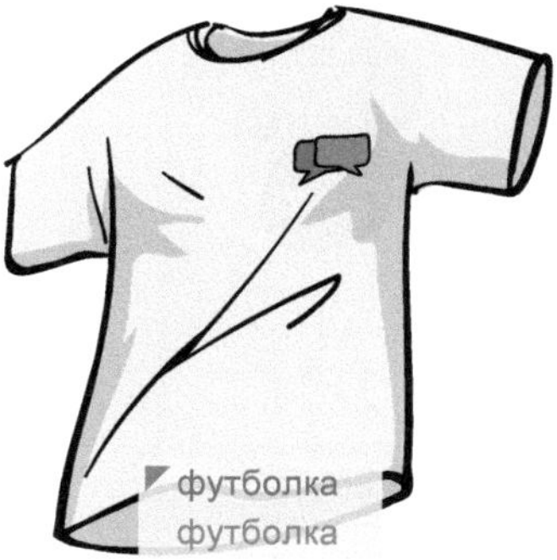

футболка
футболка

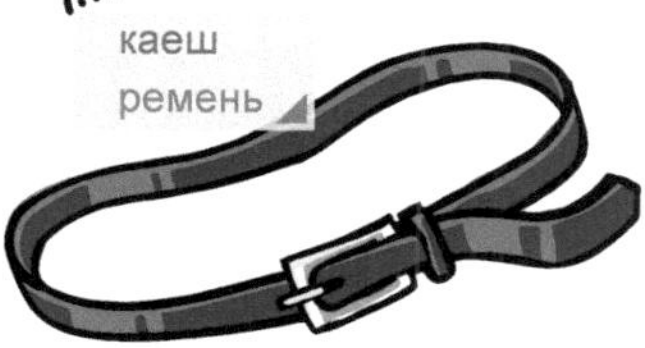

каеш
ремень

итек
сапоги

тапки
тапки

кроссовки
кроссовки

сандаллар
сандалии

ботинкалар
ботинки

резин итекләр
резиновые сапоги

трусик
трусы

бюстгальтер
бюстгальтер

майка
майка

боди
боди

чалбар
брюки

джинсы
джинсы

итәк
юбка

блузка
блузка

күлмәк
рубашка

свитер
свитер

свитер
свитер

спорт курткасы
спортивная куртка

жакет
жакет

пәлтә
пальто

плащ
плащ

костюм
костюм

күлмәк
платье

туй күлмәге
свадебное платье

ирләр костюмы

мужской костюм

төнге эчке күлмәк

ночная сорочка

пижама

пижама

сари

сари

яулык

платок

чалма

тюрбан

пәрәнҗә

паранджа

кафтан

кафтан

абайя

абайя

коену костюмы

купальник

плавки

плавки

шорт

шорты

спорт костюмы

спортивный костюм

алъяпкыч

фартук

перчаткалар

перчатки

төймә

пуговица

күзлек

очки

беләзек

браслет

чылбыр

цепочка

балдак

кольцо

алка

серьга

бүрек

шапка

элгеч

вешалка

эшләпә

шляпа

галстук

галстук

молния каптырмасы

застежка молния

каска

шлем

подтяжка

подтяжки

мәктәп формасы

школьная форма

форма

форма

балалар күкрәкчәсе

детский нагрудник

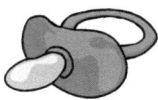

имезлек

соска

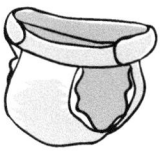

подгузник

подгузник

сервер
сервер

канцелярия шкафы
канцелярский шкаф

монитор
монитор

кәгазь
бумага

принтер
принтер

мышка
мышь

язу өстәле
письменный стол

папка
папка

клавиатура
клавиатура

кәгазь өчен кәрҗин
корзина для бумаг

утыргыч
стул

компьютер
компьютер

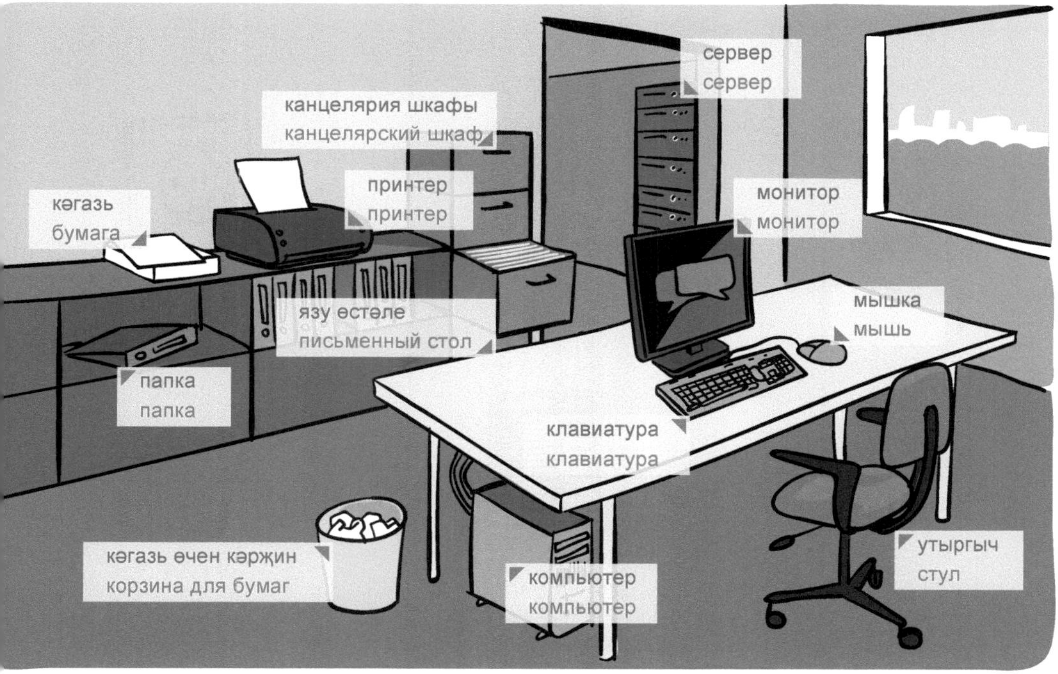

кофе кружкасы

кофейная кружка

калькулятор

калькулятор

интернет

интернет

ноутбук

ноутбук

хат

письмо

хәбәр

сообщение

кесә телефоны

мобильный телефон

челтәр

сеть

ксерокс

ксерокс

программа

программа

телефон

телефон

розетка

розетка

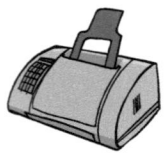

факс

факс

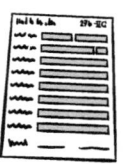

формуляр

формуляр

документ

документ

офис - офис

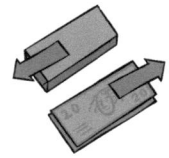

сатып алу

покупать

түләү

платить

сәүдә

торговать

акча

деньги

доллар

доллар

евро

евро

иена

иена

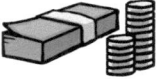

сум

рубль

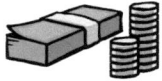

франк

франк

жэньминьби юань

жэньминьби юань

рупия

рупия

банкомат

банкомат

валюта алмаштыру
~~пункты~~
пункт обмена валюты

алтын
....
золото

көмеш
....
серебро

җир мае
....
нефть

энергия
....
энергия

бәя
....
цена

килешү
....
договор

салым
....
налог

акция
....
акция

эш
....
работать

эшче
....
служащий

эш бирүче
....
работодатель

фабрика
....
фабрика

кибет
....
магазин

профессияләр

профессии

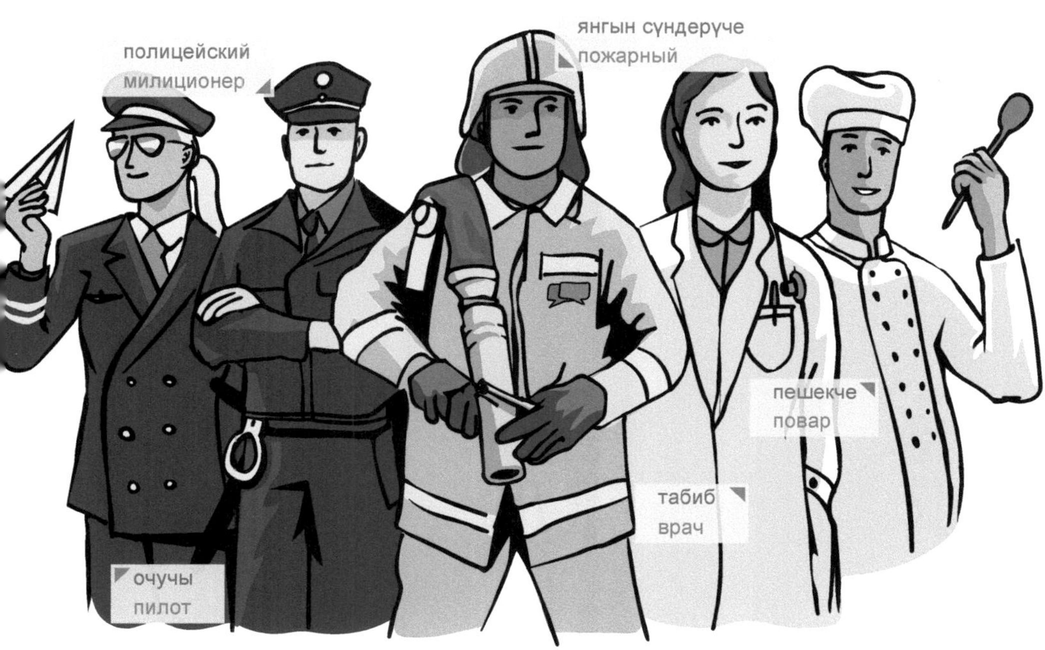

янгын сүндерүче
пожарный
полицейский
милиционер
пешекче
повар
табиб
врач
очучы
пилот

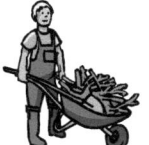

бакчачы

садовник

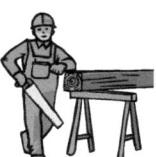

агач остасы

столяр

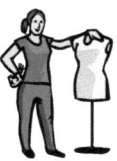

тегүче

швея

хаким

судья

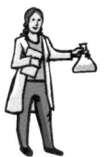

химик

химик

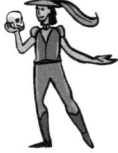

актер

актёр

автобус йөртүче

водитель автобуса

таксист

таксист

балыкчы

рыбак

җыештыручы хатын

уборщица

түбә ябучы

кровельщик

официант

официант

аучы

охотник

рәссам

художник

пешекче

пекарь

электрик

электрик

төзүче

строитель

инженер

инженер

итче

мясник

сантехник

сантехник

хат ташучы

почтальон

солдат

солдат

архитектор

архитектор

кассир

кассир

чәчәкче

флорист

парикмахер

парикмахер

кондуктор

кондуктор

механик

механик

капитан

капитан

теш табибы

зубной врач

галим

ученый

раввин

раввин

имам

имам

монах

монах

рухани

священник

кораллар

инструменты

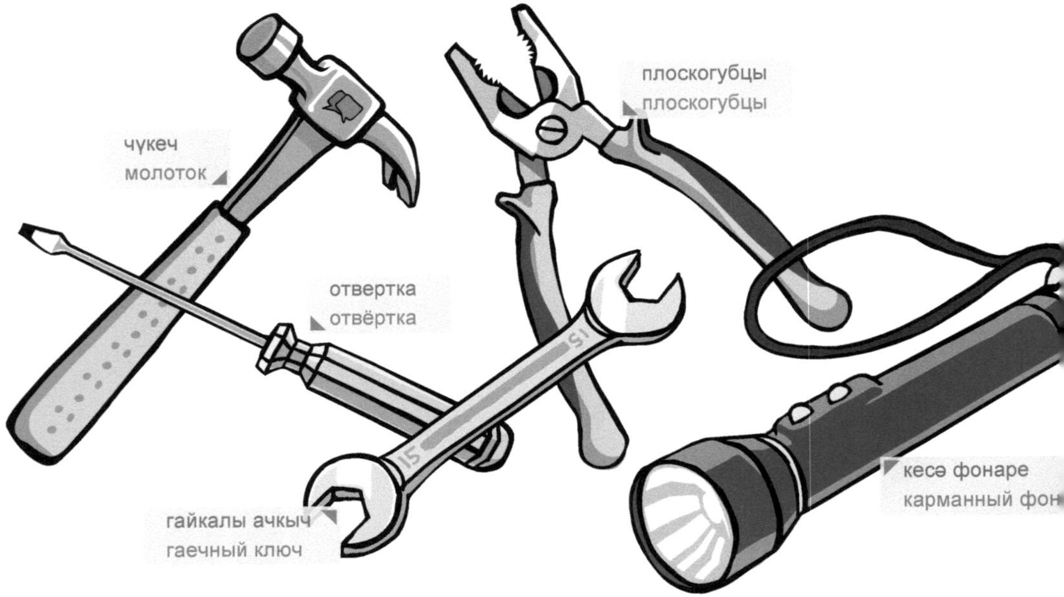

плоскогубцы
плоскогубцы
чүкеч
молоток
отвертка
отвёртка
кесә фонаре
карманный фон
гайкалы ачкыч
гаечный ключ

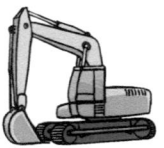

экскаватор

экскаватор

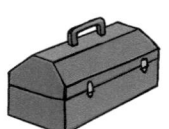

инструментлар өчен тартма

ящик для инструментов

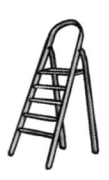

баскыч

стремянка

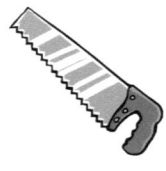

пычкы

пила

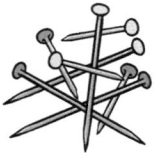

кадаклар

гвозди

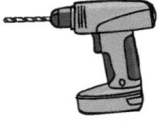

дрель

дрель

төзәтү

ремонтировать

көрәк

лопата

Шайтан алгыры!

Блин!

соскы

совок

савытлы буяу

ведро с краской

винтлар

винты

музыкаль инструментлар
музыкальные инструменты

тавыш көчәйткеч
громкоговоритель

удар инструмент
ударный инструмент

гитара
гитара

контрабас
контрабас

торба
труба

пианино

пианино

скрипка

скрипка

бас-гитара

бас-гитара

литавра

литавры

барабан

барабан

синтезатор

синтезатор

саксофон

саксофон

флейта

флейта

микрофон

микрофон

зоопарк

зоопарк

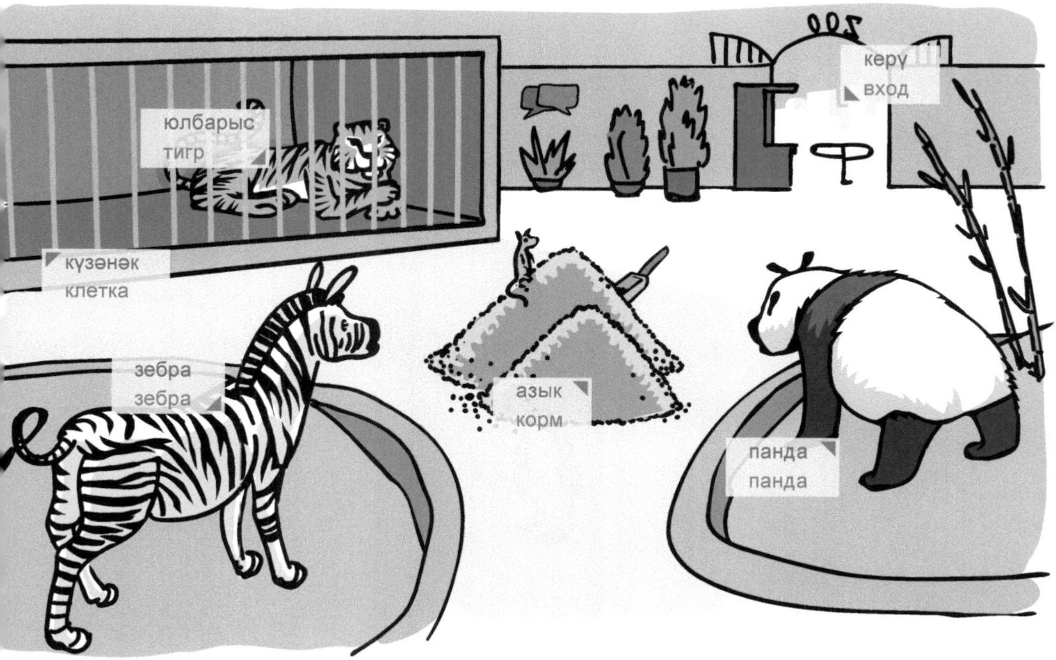

керү
вход
юлбарыс
тигр
күзәнәк
клетка
зебра
зебра
азык
корм
панда
панда

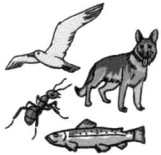

хайваннар

животные

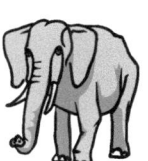

фил

слон

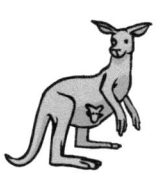

көнгерә

кенгуру

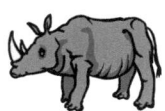

мөгезборын

носорог

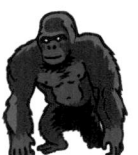

горилла

горилла

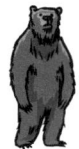

аю

медведь

дөя

верблюд

тәвә кошы

страус

арыслан

лев

маймыл

обезьяна

фламинго

фламинго

тутый кош

попугай

ак аю

белый медведь

пингвин

пингвин

акула

акула

тавис

павлин

елан

змея

крокодил

крокодил

зоопарк хезмәткәре

служитель зоопарка

тюлень

тюлень

ягуар

ягуар

пони

пони

каплан

леопард

су үгезе

бегемот

жираф

жираф

бөркет

орёл

кабан дуңгызы

кабан

балык

рыба

ташбака

черепаха

морж

морж

төлке

лиса

газәл

газель

америка футболы
американский футбол

велосипедта йөрү
езда на велосипеде

теннис
теннис

баскетбол
баскетбол

йөзү
плавание

бокс
бокс

хоккей
хоккей

футбол
футбол

бадминтон
бадминтон

җиңел атлетика
лёгкая атлетика

гандбол
гандбол

чаңгы спорты
лыжный спорт

поло
поло

хәрәкәт

действия

сикерү
прыгать
кочаклау
обнимать
көлү
смеяться
бару
идти
җырлау
петь
хыяллану
мечтать
гыйбадәт кылу
молиться
үбү
целовать

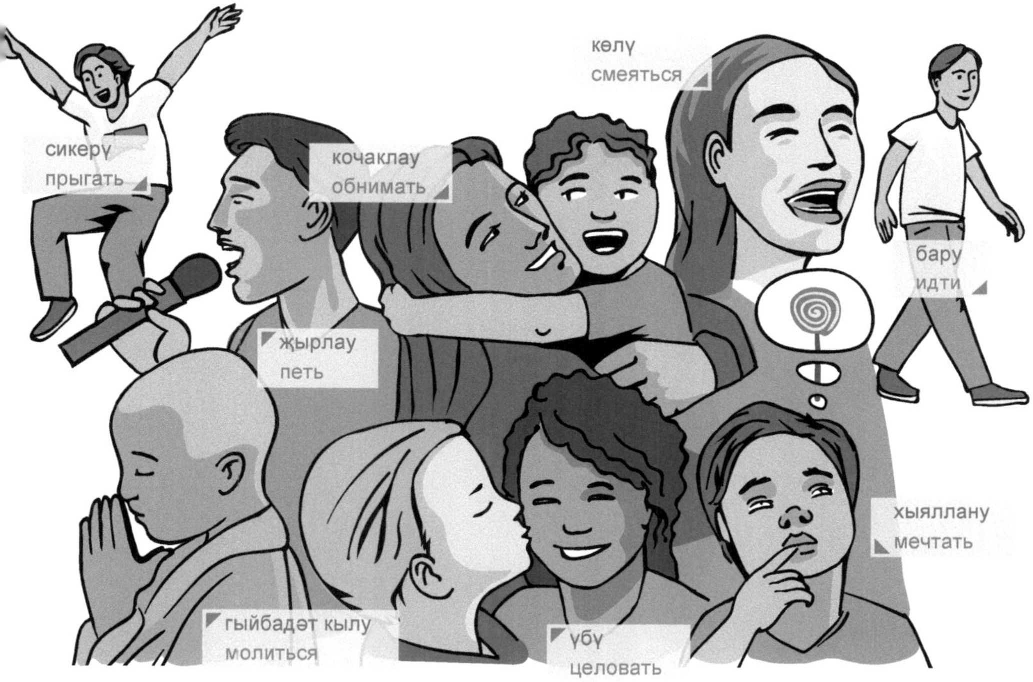

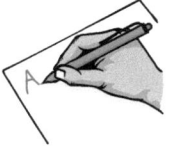

язу

писать

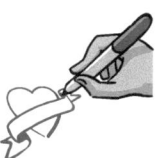

рәсем ясау

рисовать

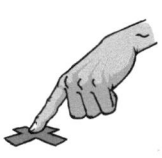

күрсәтү

показывать

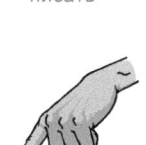

басу

нажимать

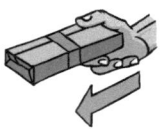

бирү

давать

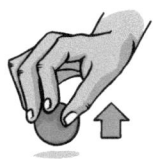

алу

брать

үзеңдә булдыру

иметь

эшләү

делать

булу

быть

басып тору

стоять

йөгерү

бежать

тарту

тянуть

ташлау

бросать

егылу

падать

яту

лежать

көтү

ждать

йөртү

носить

утыру

сидеть

кию

надевать

йоклау

спать

уяну

просыпаться

карау

рассматривать

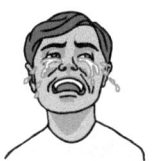

елау

плакать

үтекләү

гладить

тарау

причесывать

әйтү

говорить

аңлау

понимать

сорау

спрашивать

тыңлау

слушать

эчү

пить

ашау

кушать

тәртипкә китерү

наводить порядок

сөю

любить

әзерләү

готовить

машинада бару

ехать

очу

летать

Җилкәндә йөрү

ходить под парусом

исәпләү

считать

уку

читать

уку

учиться

эш

работать

никахлашу

вступать в брак

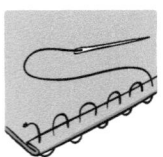

тегү

шить

тешләрне чистарту

чистить зубы

үтерү

убивать

тәмәке тарту

курить

җибәрү

отправлять

хәрәкәт - действия

әби
бабушка

бабай
дедушка

әти
папа

әни
мама

сабый
младенец

кыз
дочь

ул
сын

кунак

гость

түти

тетя

абый

дядя

кардәш

брат

апа

сестра

тән

тело

маңгай
лоб
күз
глаз
кулбаш
плечо
бармак
палец
бит
лицо
ияк
подбородок
кул чугы
кисть
аяк
нога
күкрәк
грудь
кул
рука

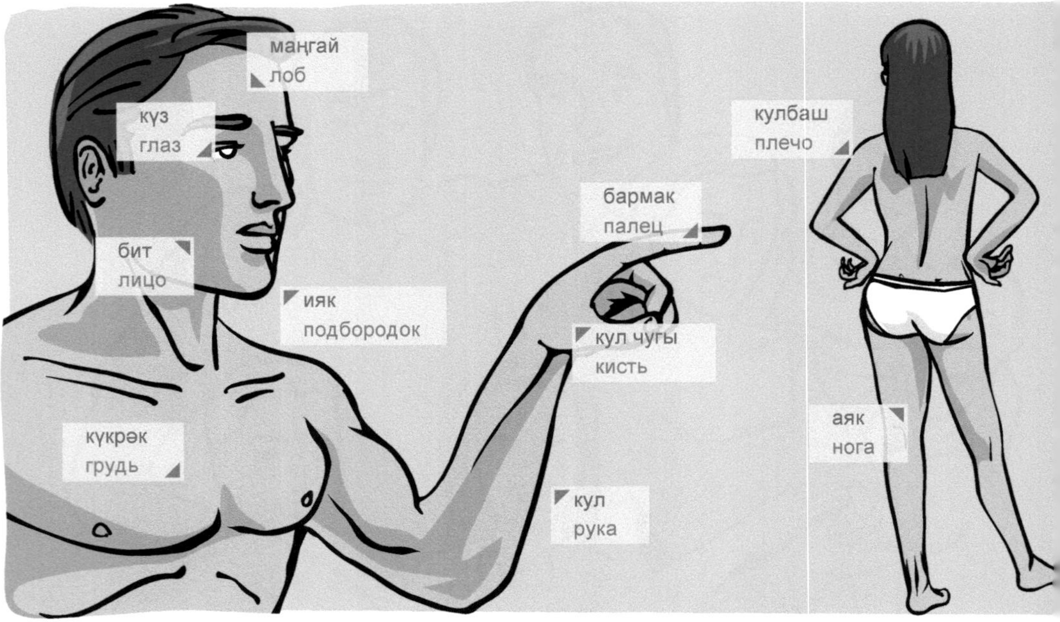

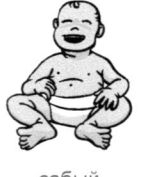

сабый
младенец

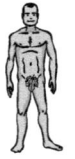

ир
мужчина

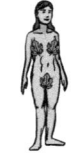

хатын
женщина

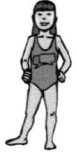

кыз
девочка

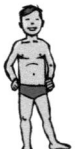

малай
мальчик

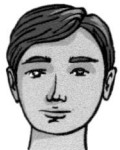

баш
голова

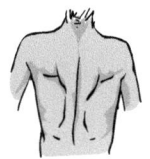

арка

спина

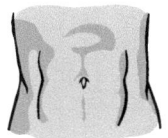

эч

живот

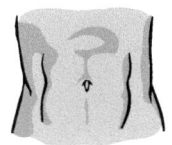

кендек

пупок

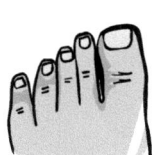

аяк бармагы

палец ноги

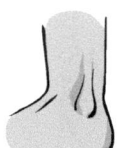

үкчә

пятка

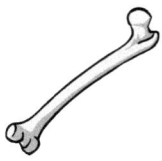

сөяк

кость

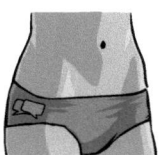

бот

бедро

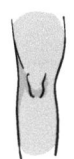

тез

колено

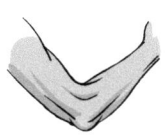

терсәк

локоть

борын

нос

арт сан

ягодицы

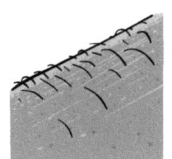

тире

кожа

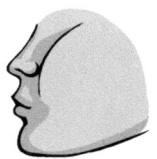

яңак

щека

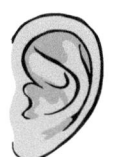

колак

ухо

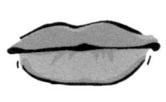

ирен

губа

тән - тело

авыз

рот

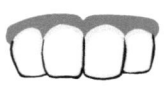

теш

зуб

тел

язык

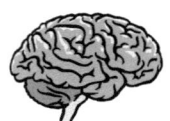

ми

мозг

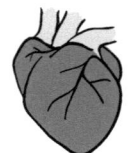

йөрәк

сердце

мускул

мышца

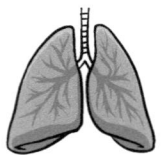

үпкәләр

лёгкое

бавыр

печень

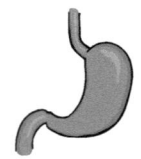

ашказан

желудок

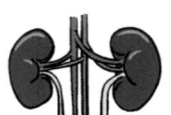

бөерләр

почки

җенси акт

половой акт

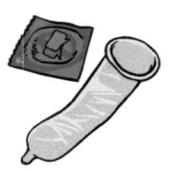

презерватив

презерватив

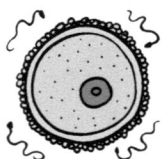

күкәйлек

яйцеклетка

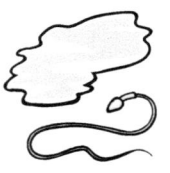

сперма

сперма

көмәнлек

беременность

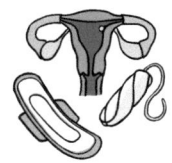

күрем

менструация

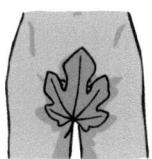

вагина

вагина

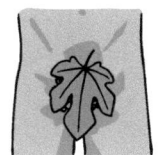

пенис

пенис

каш

бровь

чәчләр

волосы

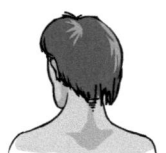

муен

шея

хастаханә

больница

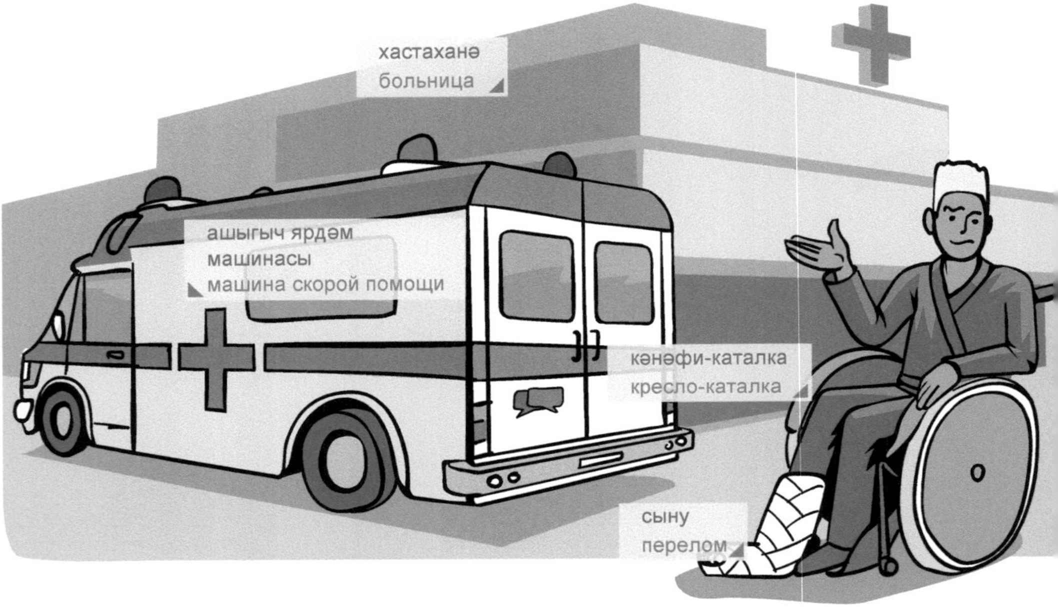

хастаханә
больница
ашыгыч ярдәм
машинасы
машина скорой помощи
кәнәфи-каталка
кресло-каталка
сыну
перелом

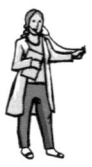

табиб

врач

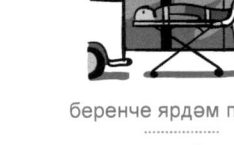

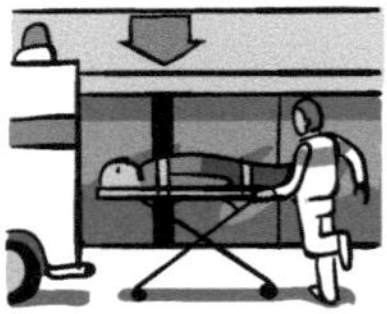

беренче ярдәм пункты

пункт первой помощи

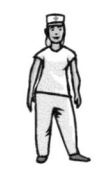

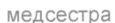

шәфкать туташы

медсестра

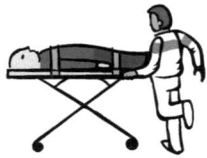

кичектергесез хәл

неотложный случай

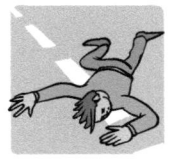

аңсыз

без сознания

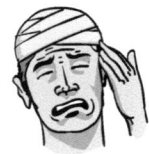

авырту

боль

зыян килү
....
повреждение

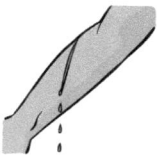

кан агу
....
кровотечение

инфаркт
....
инфаркт

инсульт
....
инсульт

аллергия
....
аллергия

ютәл
....
кашель

югары температура
....
повышенная температура

грипп
....
грипп

эч китү
....
понос

баш авырту
....
головная боль

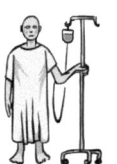

кысла
....
рак

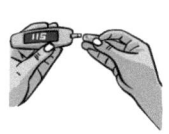

диабет
....
диабет

хирург
....
хирург

скальпель
....
скальпель

операция
....
операция

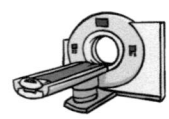

КТ

КТ

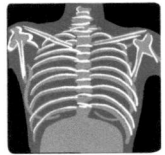

рентген

рентген

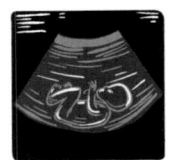

ультратавыш

ультразвук

битлек

маска

авыру

болезнь

кабул итү бүлмәсе

приёмная

култык таягы

костыль

пластырь

пластырь

бинт

бинт

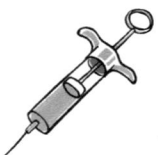

укол кадау

укол

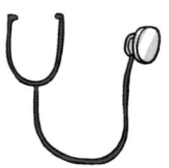

стетоскоп

стетоскоп

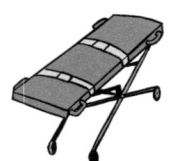

носилки

носилки

термометр

термометр

туу

рождение

артык авырлык

избыточный вес

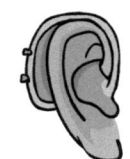

колак аппараты

слуховой аппарат

йогышсызландыру чарасы

дезинфекционное
средство

инфекция

инфекция

вирус

вирус

ВИЧ / СПИД

ВИЧ / СПИД

дару

лекарство

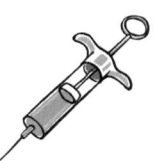

прививка

прививка

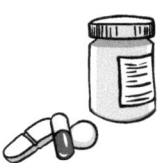

таблеткалар

таблетки

балага узмас өчен
таблетка

противозачаточная
таблетка

ашыгыч чакыру

экстренный вызов

кан басымын үлчәү өчен
прибор

прибор для измерения
кровяного давления

авыру / сәламәт

больной / здоровый

Ярдәм итегез!

Помогите!

тревога сигналы

сигнал тревоги

һөҗүм итү

нападение

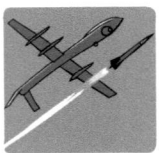

һөҗүм

атака

куркыныч

опасность

запас чыгу урыны

запасной выход

Янгын!

Пожар!

ут сүндергеч

огнетушитель

каза

несчастный случай

даруханә

аптечка

SOS

SOS

полиция

милиция

Европа

Европа

Төньяк Америка

Северная Америка

Көньяк Америка

Южная Америка

Африка

Африка

Азия

Азия

Австралия

Австралия

Атлантик океан

Атлантический океан

Тын океан

Тихий океан

Һинд океаны

Индийский океан

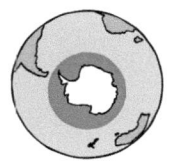

Антарктик океан

Антарктический океан

Төньяк Боз океаны

Северный Ледовитый океан

Төньяк полюс

Северный полюс

Көньяк полюс

Южный полюс

Антарктика

Антарктика

җир

земля

коры җир

суша

диңгез

море

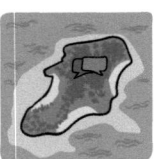

утрау

остров

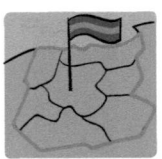

милләт

нация

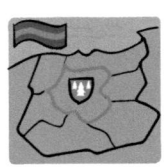

дәүләт

государство

җир - земля

сәгать циферблаты

циферблат

сәгать угы

часовая стрелка

минут угы

минутная стрелка

секунд угы

секундная стрелка

Әле сәгать ничә?

Который час?

көн

день

вакыт

время

хәзер

сейчас

электрон сәгать

электронные часы

минут

минута

сәгать

час

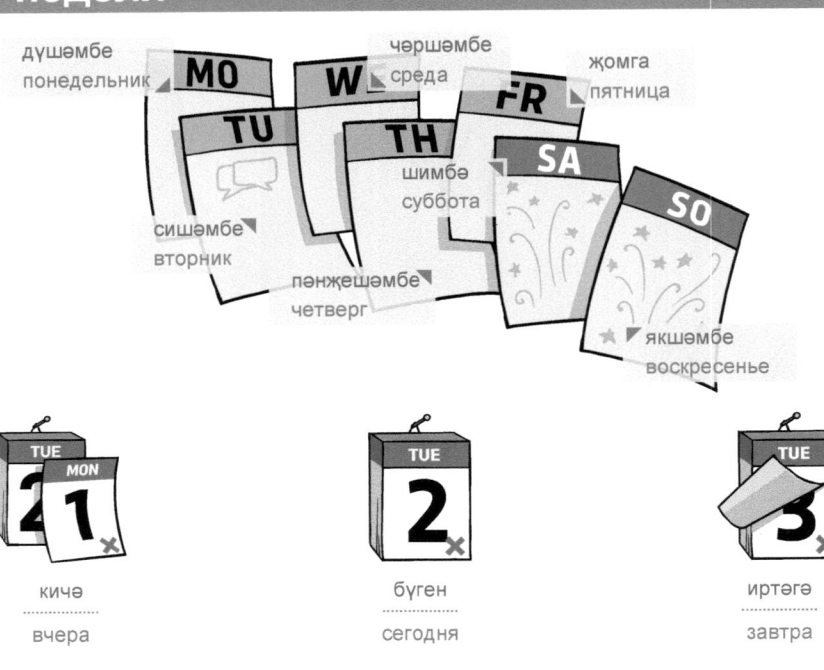

дүшәмбе
понедельник

чәршәмбе
среда

җомга
пятница

шимбә
суббота

сишәмбе
вторник

пәнҗешәмбе
четверг

якшәмбе
воскресенье

кичә
вчера

бүген
сегодня

иртәгә
завтра

иртә
утро

төш
полдень

кич
вечер

эш көннәре
рабочие дни

ял көннәре
выходные

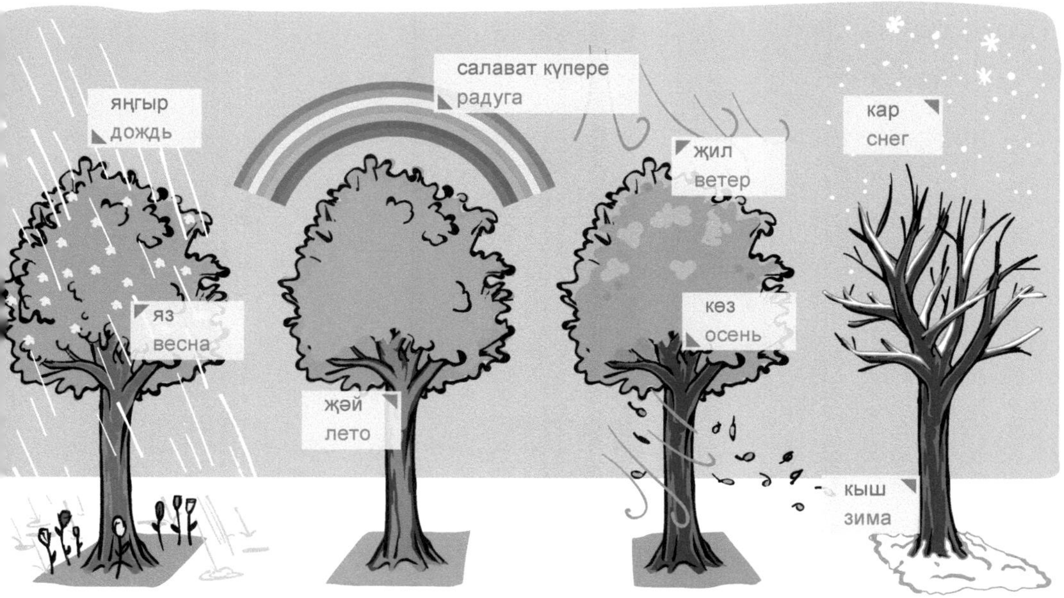

яңгыр
дождь

салават күпере
радуга

кар
снег

жил
ветер

яз
весна

көз
осень

жәй
лето

кыш
зима

4.APRIL	11°	☀
5.APRIL	4°	⛅
6.APRIL	13°	🌧
7.APRIL	8°	❄
8.APRIL	10°	☀

һава торышы
....
прогноз погоды

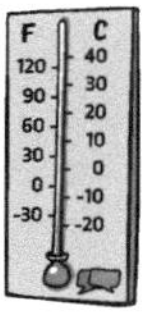

термометр
....
термометр

кояш яктысы
....
солнечный свет

болыт
....
туча

томан
....
туман

дымлылык
....
влажность воздуха

яшен

молния

күк күкрәү

гром

давыл

буря

боз

град

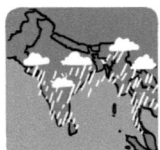

муссон

муссон

су басу

наводнение

боз

лёд

гыйнвар

январь

февраль

февраль

март

март

апрель

апрель

май

май

июнь

июнь

июль

июль

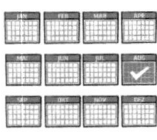

август

август

ел - год

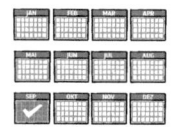

сентябрь
....
сентябрь

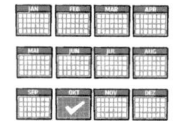

октябрь
....
октябрь

ноябрь
....
ноябрь

декабрь
....
декабрь

формалар
формы

божра
....
круг

квадрат
....
квадрат

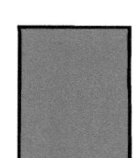

турыпочмак
....
прямоугольник

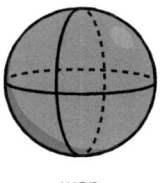

өчпочмак
....
треугольник

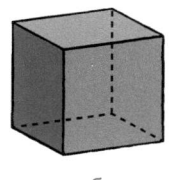

шар
....
шар

куб
....
куб

ак

белый

сары

желтый

кызгылт сары

оранжевый

ал

розовый

кызыл

красный

шәмәхә

лиловый

зәңгәр

синий

яшел

зелёный

көрән

коричневый

соры

серый

кара

черный

күп / аз

много / мало

усал / тыныч

яростный / мирный

матур / ямьсез

красивый / уродливый

башы / ахыры

начало / конец

зур / кечкенә

большой / маленький

якты / караңгы

светлый / темный

абый / эне

брат / сестра

чиста / пычрак

чистый / грязный

тулы / тулы түгел

полный / неполный

көн / төн

день / ночь

үле / тере

мёртвый / живой

киң / тар

широкий / узкий

ашарга яраклы / ашарга
яраксыз

съедобный / несъедобный

явыз / яхшы

злой / дружелюбный

дулкынланган / сагынган

взволнованный /
скучающий

юан / ябык

толстый / худой

башта / азакта

сначала / в конце

дус / дошман

друг / враг

тулы / буш

полный / пустой

каты / йомшак

твёрдый / мягкий

авыр / җиңел

тяжёлый / легкий

ачлык / сусау

голод / жажда

авыру / сәламәт

больной / здоровый

хокуксыз / хокуклы

незаконный / законный

акыллы / акылсыз

умный / глупый

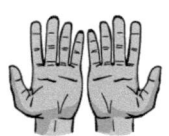

сулдан / уңнан

слева / справа

якын / ерак

близко / далеко

яңа / тотылган

новый / подержанный

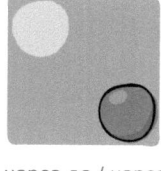

бер нәрсә дә / нәрсәдер

ничто / нечто

өлкән / яшь

старый / молодой

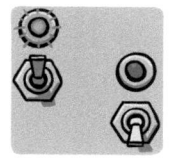

тоташтырылган / сүндерелгән

включено / выключено

ачык / ябык

открыто / закрыто

әкрен / кычкырып

тихо / громко

бай / ярлы

богатый / бедный

дөрес / дөрес түгел

правильный / неправильный

кытыршы / шома

шероховатый / гладкий

моңсу / бәхетле

печальный / счастливый

кыска / озын

короткий / длинный

җай / тиз

медленный / быстрый

дымлы / коры

мокрый / сухой

җылы / салкын

тёплый / прохладный

сугыш / тынычлык

война / мир

капма-каршылыклар - противоположности

0

ноль
ноль

1

бер
один

2

ике
два

3

өч
три

4

дүрт
четыре

5

биш
пять

6

алты
шесть

7

җиде
семь

8

сигез
восемь

9

тугыз
девять

10

ун
десять

11

унбер
одиннадцать

12

уنике

двенадцать

13

унөч

тринадцать

14

ундүрт

четырнадцать

15

унбиш

пятнадцать

16

уналты

шестнадцать

17

унҗиде

семнадцать

18

унсигез

восемнадцать

19

унтугыз

девятнадцать

20

егерме

двадцать

100

йөз

сто

1.000

меҢ

тысяча

1.000.000

миллион

миллион

телләр

ЯЗЫКИ

инглизчә

английский

американча инглиз

американский английский

мандаринча Кытай

мандаринский китайский

һинди

хинди

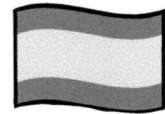

испан

испанский

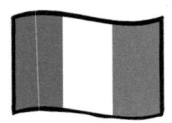

француз

французский

гарәп

арабский

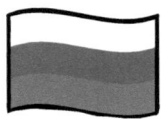

рус

русский

португал

португальский

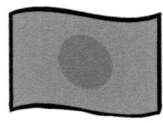

бенгал

бенгальский

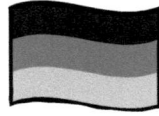

алман

немецкий

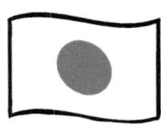

япон

японский

мин

я

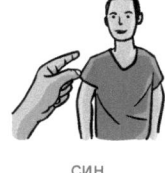

син

ты

ул / ул / ул

он / она / оно

без

мы

сез

вы

алар

они

кем?

кто?

нәрсә?

что?

ничек?

как?

кайда?

где?

кайчан?

когда?

исем

имя

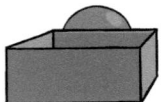

артта
....
за

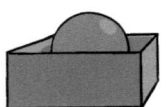

эчендә
....
в

алда
....
перед

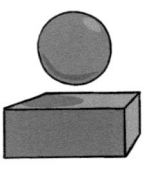

өстендә
....
над

өстенә
....
на

астында
....
под

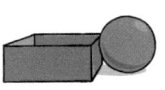

янәшә
....
рядом

арасында
....
между

урын
....
место